Contents

About this book

This illustrated dictionary is just right if you are starting to learn French. You will find that the picture index will help you translate a word, whether you know the French or the English.

Masculine and feminine words

In French, some words are masculine and some are feminine. There are different words for 'the':

le lapin   (masculine singular)
the rabbit

la maison   (feminine singular)
the house

When the word begins with a vowel (a, e, i, o, u), you use **l'**
e.g. **l'orange**

All plural words have the same word for 'the':

les lapins   (masculine plural)
les maisons   (feminine plural)

Accents   é   à   î   ç

French vowels often have marks called accents above them, such as **é**, **à** or **î**. Vowels with accents are pronounced differently from vowels without accents. When you see the letter 'c' with an accent underneath it, for example, **le maçon** the 'c' is pronounced like the 's' in 'sock'.

Useful Websites

For more on France and learning French, check out these internet links:

All about France, this is information was put together for kids by the French embassy in the USA:

www.info-france-usa.org/kids/

Take a tour of the sights in France with this set of photos of Paris and the rest of France:

www.raingod.com/angus/Gallery/Photos/Europe/France/

Read about the tunnel that joins France and England under the sea:

www.teachingtools.com/Slinky/tunnel.html

then click on the Eiffel Tower link to read about another French structure.

The caves as Lascaux, France, have some of the most impressive cave paintings ever discovered. Go on a virtual visit at **www.culture.fr/culture/arcnat/lascaux/fr/**

Learn some baby talk in French: **www.french.about.com/library/vocab/bl-babytalk.htm**

Solve crimes while learning French with Inspector Duflair: **www.polarfle.com/**

A great French/English picture dictionary with links to more information about some of the words:

www.littleexplorers.com/French/

A game to help you learn numbers and colours in French:

www.bbc.co.uk/education/languages/french/family/game/

Animals make the same noises in France and Britain, but we have different names for their noises! Find out what animal sounds are called in French (and other languages):

www.georgetown.edu/cball/animals/

Internet Safety

Always follow these guidelines for a fun and safe journey through cyberspace:

1. Ask your parents for permission before you go online.
2. Spend time with your parents online, and show them your favourite sites.
3. Post your family's e-mail address, even if you have your own (only give your personal address to someone you trust).
4. Do not reply to e-mails if you feel they are strange or upsetting.
5. Do not use your real surname while you are online.
6. Never arrange to meet 'cyber friends' in person without your parents' permission.
7. Never give out your password.
8. Never give out your home address or telephone number.
9. Do not send scanned pictures of yourself unless your parents approve.
10. Leave a website straight away if you find something that is offensive or upsetting. Talk to your parents about it.

Dictionnaire Illustré Anglais – Français

Picture Dictionary English – French

Aa

acorn
le gland

aerial
l'antenne (f)

aeroplane
l'avion (m)

airport
l'aéroport (m)

alligator
l'alligator (m)

alphabet
l'alphabet (m)

ambulance
l'ambulance (f)

angler
le pêcheur

anorak
l'anorak (m)

antlers
les bois (m)

apple
la pomme

aqualung
le scaphandre autonome

armband
le brassard de sauvetage

armchair
le fauteuil

armour
l'armure (f)

arrow
la flèche

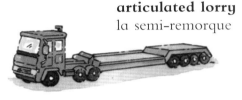
articulated lorry
la semi-remorque

audience
les spectateurs (m)

autumn
l'automne (m)

Bb

baby
le bébé

back door
la porte de derrière

balloon
le ballon

banana
la banane

bandage
la bande

bank
la banque

bar
le barreau

barn
la grange

baseball bat
la batte de base-ball

bath
la baignoire

bath mat
le tapis de bain

bath towel
la serviette de bain

bathroom scales
le pèse-personne

beach
la plage

beach ball
le ballon de plage

beach towel
la serviette de plage

beak
le bec

beaker
le gobelet

bedding
la litière

belt
la ceinture

bench
le banc

berry
la baie

bicycle
le vélo

bird
l'oiseau (m)

bird table
la mangeoire

biscuit tin
la boîte à biscuits

black
noir/noire

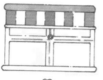
blind
le store

blossom
les fleurs (f)

blue
bleu/bleue

board game
le jeu de société

boat
le bateau

bone
l'os (m)

bonfire
le feu de bois

book
le livre

bookcase
la bibliothèque

boot
la botte

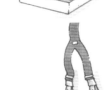
border
la bordure

bottom
le bas

bow
l'arc (m)

bow
le nœud

bowl
le saladier

box
la boîte

braces
les bretelles (f)

branch
la branche

bread
le pain

brick
la brique

bricklayer
le maçon

bridge
le pont

broom
le balai

broomstick
le manche à balai

brown
marron

bucket
le seau

buckle
la boucle

bud
le bourgeon

budgerigar
la perruche

builder
le maçon

building block
le jeu
de construction

bull
le taureau

bulldozer
le bulldozer

bus
l'autobus (m)

bus driver
le conducteur
d'autobus

bus stop
l'arrêt (m)
d'autobus

bush
le buisson

butter
le beurre

button
le bouton

buttonhole
la boutonnière

Cc

cabinet
l'armoire (f) à pharmacie

café
le café

cage
la cage

cake
le gâteau

calf
le veau

camel
le chameau

canal
le canal

canal boat
la péniche

candle
la bougie

candlestick
le bougeoir

cannon
le canon

canoe
le canoë

car
la voiture

car park
le parking

card
la carte

cardboard model
la maquette

cardigan
le gilet

carpenter
le charpentier

carpet
le tapis

carriage
le wagon

castle
le château

cat flap
la chatière

cauldron
le chaudron

cauliflower
le chou-fleur

cave
la grotte

cement mixer
la bétonnière

cereal
les céréales (f)

chair
le fauteuil

chalk
la craie

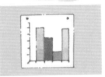
chalkboard
le tableau noir

chart
le diagramme

cheese
le fromage

cheetah
le guépard

chest of drawers
la commode

chick
le poussin

chips
les frites (f)

circle
le cercle

clam
la palourde

claw
la griffe

clay
l'argile (f)

cliff
la falaise

climbing frame
la cage à poules

cloak
la grande cape

clock
l'horloge (f)

clown
le clown

coat
le manteau

coconut
la noix de coco

coffee
le café

coffee table
la table basse

collar
le col

colouring book
l'album (m)
de coloriage

comic
la bande dessinée

**compact disc
player**
le lecteur laser

compressor
le compresseur

computer
l'ordinateur (m)

concrete mixer
le camion
malaxeur

cooker
la cuisinière

coral
le corail

cord
le cordon

cotton wool
le coton

cow
la vache

cowboy outfit
la tenue de
cow-boy

cowshed
l'étable (f)

cracker
le diablotin

crane
la grue

crayon
le crayon de couleur

crisps
les chips (f)

crocus
le crocus

crossing
le passage pour
piétons

crown
la couronne

cube
le cube

cucumber
le concombre

cuff
la manchette

cup
la tasse

cupboard
le placard

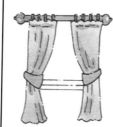
curtain pole
la tringle à rideau

curtain
le rideau

Dd

daffodil
la jonquille

dandelion
le pissenlit

deckchair
la chaise longue

deer
le cerf

desk
le bureau

dice
le dé

digger
la pelleteuse

ditch
le fossé

diver
le plongeur

doctor's bag
la sacoche
de médecin

doctor's outfit
la tenue de médecin

doll's clothes
les vêtements (m)
de poupée

doll's house
la maison
de poupée

dolphin
le dauphin

down
en bas

dragon
le dragon

draining board
l'égouttoir (m)

drawer
le tiroir

drawing
le dessin

drawing pin
la punaise

dress
la robe

dressing gown
la robe de chambre

drink
la boisson

driver
le conducteur

drum
le tambour

duck
le canard

duckling
le caneton

duck pond
la mare
aux canards

dumper truck
le dumper

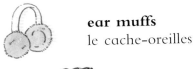

dungarees
la salopette

Ee

ear muffs
le cache-oreilles

eel
l'anguille (f)

egg
l'œuf (m)

elephant
l'éléphant (m)

enchanted wood
le bois enchanté

evergreen tree
l'arbre vert (m)

Ff

face mask
le masque
de plongée

fairy
la fée

fairy lights
la guirlande
électrique

family
la famille

fan
l'aérateur (m)

farmer
le fermier

farmyard
la cour de ferme

fat
gros/grosse

ferry boat
le ferry

fin
la nageoire

fire
le feu

fire engine
la voiture de
pompiers

fireguard
le garde-feu

fireplace
la cheminée

flag
le drapeau

flamingo
le flamant

flannel
le gant de toilette

flashcard
le support visuel

flipper
la palme

floor tile
le carrelage

flower bed
la plate-bande

flowerpot
le pot de fleurs

foal
le poulain

food bowl
la gamelle

football
le ballon de football

fork
la fourchette

fossil
le fossile

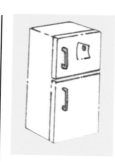
freezer
le congélateur

fridge
le réfrigérateur

frying pan
la poêle

fur
la fourrure

Gg

garage
le garage

garden birds
les oiseaux (m)
du jardin

garden fork
la fourche

garlic
l'ail (m)

gate
la barrière

gerbil
la gerbille

ghost
le fantôme

giant
le géant

giraffe
la girafe

glove
le gant

glove puppet
la marionnette
à gaine

gnome
le gnome

goat
la chèvre

goggles
les lunettes (f)
de plongée

goose
l'oie (f)

gosling
l'oison (m)

grape
le raisin

green
vert/verte

grey
gris/grise

guard
le chef de gare

guinea pig
le cochon d'Inde

guitar
la guitare

Hh

hamburger
le hamburger

hamster
le hamster

hamster house
la cage du hamster

handkerchief
le mouchoir

handlebars
le guidon

hanger
le cintre

happy
joyeux/joyeuse

hard
dur/dure

hat
le chapeau

hay
le foin

helicopter
l'hélicoptère (m)

helmet
le casque

hen
la poule

hen house
le poulailler

hippopotamus
l'hippopotame (m)

honey
le miel

hood
le capuchon

horn
la corne

horse
le cheval

hose
le tuyau d'arrosage

hospital
l'hôpital (m)

hot air balloon
la montgolfière

hot dog
le hot-dog

hotel
l'hôtel (m)

house
la maison

hovercraft
l'aéroglisseur (m)

hutch
le clapier

Ii

ice
la glace

ice-cream
la glace

island
l'île (f)

Jj

jam
la confiture

jeans
le jean

jellyfish
la méduse

jester
le bouffon

jigsaw puzzle
le puzzle

jug
le pichet

juice
le jus

jumper
le pull

Kk

kangaroo
le kangourou

king
le roi

kite
le cerf-volant

kitten
le chaton

knickers
la culotte

knife
le couteau

knight
le chevalier

Ll

lace
le lacet

ladder
l'échelle (f)

lake
le lake

lamb
l'agneau (m)

lamp
la lampe

lamp post
le réverbère

lampshade
l'abat-jour (m)

laundry basket
le panier à linge

lawn
la pelouse

lawnmower
la tondeuse

lead
la laisse

leaf
la feuille

Lego
le Légo

leopard
le léopard

leotard
le justaucorps

library
la bibliothèque

lifejacket
le gilet de sauvetage

light
la lumière

lighthouse
le phare

lion
le lion

lioness
la lionne

lion cub
le lionceau

lizard
le lézard

llama
le lama

loader
le chargeur

lobster
le homard

long
long/longue

loudspeaker
le haut-parleur

Mm

magazine
le magazine

magic wand
la baguette
magique

magician
le magicien

make-up
le maquillage

map
la carte

mantlepiece
le dessus de
cheminée

marble
la bille

margarine
la margarine

mast
le mât

mince
la viande hachée

mirror
le miroir

mist
la brume

mitten
la moufle

moat
les douves (f)

monkey
le singe

monster
le monstre

moon
la lune

motor boat
le canot à moteur

motorbike
la moto

motorway
l'autoroute (f)

mushroom
le champignon

Nn

nailbrush
la brosse à ongles

narrow
étroit/étroite

nature table
le coin nature

nest
le nid

nesting box
le nichoir

net
l'épuisette (f)

new
neuf/neuve

newspaper
le journal

Noah's ark
l'arche (f) de Noé

notice
la pancarte

numbers
les chiffres (m)

nurse's outfit
la tenue
d'infirmière

Oo

oak tree
le chêne

oar
la rame

octopus
le pieuvre

oil
l'huile (f)

old
vieux/vieille

onion
l'oignon (m)

orange
orange

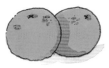
orange
l'orange (f)

orchard
le verger

ostrich
l'autruche (f)

oven
le four

overalls
la combinaison

owl
le hibou

oyster
l'huître (f)

Pp

padlock
le cadenas

paint
la peinture

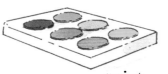
paintbrush
le pinceau

painting
la peinture

pants
le slip

paper chain
la guirlande
de papier

paper cup
le gobelet en carton

paper flower
la fleur en papier

paper hat
la couronne
en papier

paper napkin
la serviette
en papier

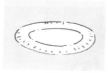
paper plate
l'assiette (f)
en carton

parachute
le parachute

parcel
le colis

park keeper
le gardien de parc

parrot
le perroquet

party dress
la robe de fête

party squeaker
le sifflet en papier

paste
la colle

paste brush
la brosse à colle

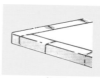
pavement
le trottoir

paw
la patte

pea
le petit pois

peanut
la cacahuète

pear
la poire

pebble
le galet

pedal
la pédale

peg
le porte-manteau

pelican
le pélican

pencil
le crayon

pencil case
la trousse

pepper
le poivre

pet food
la nourriture pour
chiens et chats

petrol pump
la pompe à essence

petrol station
la station-service

photograph
la photographie

picnic
le pique-nique

picnic basket
le panier de
pique-nique

pier
la jetée

pig
le cochon

pigeon
le pigeon

pig sty
la porcherie

piglet
le porcelet

pillow
l'oreiller (m)

pinafore dress
la robe-chasuble

pinboard
le panneau
d'affichage

pink
rose

pirate
le pirate

Plasticine
la pâte à modeler

plate
l'assiette (f)

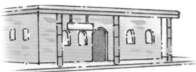
platform
le quai

playground
l'aire (f) de jeu

plimsoll
la chaussure en toile

plug
la bonde

plum
la prune

plume
le panache

pneumatic drill
le marteau
pneumatique

pocket
la poche

police officer
l'agent (m)
de police

21

pond
le bassin

**postman/
postwoman**
le facteur

potato
la pomme de terre

pram
le landau

present
le cadeau

primrose
la primevère

prince
le prince

princess
la princesse

puppy
le chiot

purple
violet/violette

pushchair
la poussette

pyjamas
le pyjama

Qq

queen
la reine

quilt
la couette

Rr

rabbit
le lapin

radiator
le radiateur

radio
la radio

railing
la grille

railway
le chemin de fer

rain shower
l'averse (f)

rainbow
l'arc-en-ciel (m)

rake
le râteau

rattle
le hochet

ray fish
la raie

reader
le lecteur (m)
la lectrice (f)

record player
le tourne-disque

rectangle
le rectangle

red
rouge

reed
le roseau

remote control
la télécommande

rhinoceros
le rhinocéros

ribbon
le ruban

rice
le riz

river
la rivière

river bank
la rive

rock garden
le jardin de rocaille

rocking chair
le fauteuil à bascule

roller skates
les patins (m) à roulettes

roof
le toit

rose
la rose

rotor blade
la pale du rotor

roundabout
le manège

rowing boat
la barque

rubber
la gomme

rubbish bin
la poubelle

rug
la carpette

ruler
la règle

Ss

sad
triste

saddle
la selle

safety hat
le casque de sécurité

sail
la voile

sailing boat
le voilier

salt
le sel

sand
le sable

sandal
la sandale

sandcastle
le château de sable

sandpit
le bac à sable

satchel
le cartable

scaffolding
l'échafaudage (m)

scarecrow
l'épouvantail (m)

scarf
l'écharpe (f)

scissors
les ciseaux (m)

sea
la mer

sea anemone
l'anémone (f)
de mer

seagull
la mouette

seahorse
l'hippocampe (m)

seal
le phoque

seaweed
les algues (f)

seesaw
la balançoire

settee
le canapé

shampoo
le shampooing

shark
le requin

shed
la cabane

sheep
le mouton

sheepdog
le chien de berger

sheet
le drap

shell
le coquillage

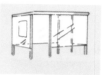
shelter
l'abri (m)

shield
le bouclier

shirt
la chemise

shoal
le banc de poissons

shoe
la chaussure

shop
le magasin

short
court/courte

short
petit/petite

shower
la douche

shower cap
le bonnet de douche

 shower curtain
le .rideau de douche

 shrimp
la crevette

 shrub
l'arbuste (m)

 **sink**
l'évier (m)

 **skateboard**
le skate-board

 **skip**
la benne

 **skipping rope**
la corde à sauter

 **skirt**
la jupe

 **sledge**
la luge

 sleeve
la manche

 **slide**
le toboggan

 **slipper**
la pantoufle

 slope
la pente

 snake
le serpent

 snorkel
le tuba

 **snow**
la neige

 snowball
la boule de neige

 snowflake
le flocon de neige

 **snowman**
le bonhomme
de neige

 **soap**
le savon

 **soap dish**
le porte-savon

 sock
la chaussette

 soft
mou/molle

 **soup**
la soupe

spacecraft
le vaisseau spatial

spade
la pelle

spaghetti
les spaghettis (m)

 sphere
la sphère

 spice
l'épice (f)

 sponge
l'éponge (f)

 **spoon**
la cuillère

25

spring
le printemps

square
le carré

squash
le sirop

squirrel
l'écureuil (m)

stable
l'écurie (f)

star
l'étoile (f)

starfish
l'étoile (f) de mer

station
la gare

steamroller
le rouleau

steering wheel
le volant

step
la marche

stethoscope
le stéthoscope

stool
le tabouret

straw
la paille

streamer
le serpentin

sucker
la ventouse

sugar
le sucre

summer
l'été (m)

sun
le soleil

suntan lotion
le lait solaire

sunglasses
les lunettes (f)
de soleil

supermarket
le supermarché

surfboard
la planche de surf

sweatshirt
le sweat-shirt

sword
l'épée (f)

swordfish
l'espadon (m)

Tt

table
la table

tablecloth
la nappe

tail
la queue

tall
grand/grande

tap
le robinet

tape recorder
le magnétophone

target
la cible

tarmac
le goudron

taxi
le taxi

teacher
l'instituteur (m)
l'institutrice (f)

telegraph pole
le poteau
télégraphique

telephone
le téléphone

television
la télévision

tennis ball
la balle de tennis

tennis court
le court de tennis

tent
la tente

tentacle
la tentacule

terrace
l'allée (f)

Thermos flask
le Thermos

thin
mince

ticket
le billet

tiger
le tigre

tights
le collant

tile
le carrelage

tipper truck
le camion-benne

toadstool
le champignon
vénéneux

toaster
le grille-pain

toilet
les toilettes (f)

toilet paper
le papier
hygiénique

toilet seat
la lunette

tomato
la tomate

toothbrush
la brosse à dents

toothpaste
le dentifrice

27

top
le sommet

top hat
le chapeau
haut-de-forme

torch
la torche

tortoise
la tortue

towel rail
le porte-serviette

tower block
la tour

town hall
l'hôtel (m) de ville

toy boat
le petit bateau

toy box
le coffre à jouets

toy farm
la ferme miniature

toy shop
le magasin de jouets

tractor
le tracteur

traffic lights
les feux (m)

traffic warden
le contractuel (m)
la contractuelle (f)

trailer
la remorque

train
le train

train set
le petit train

trainers
les tennis (f)

treasure
le trésor

tree stump
la souche d'arbre

triangle
le triangle

tricycle
le tricycle

trough
l'auge (f)

trowel
le déplantoir

truck
le camion

T-shirt
le T-shirt

trunk
la trompe

tube
le tube

tunnel
le tunnel

turtle
la tortue marine

tusk
la défense

tyre
le pneu

Uu

umbrella
le parasol

unicorn
la licorne

up
en haut

Vv

van
le camion

vase
le vase

vest
le maillot de corps

video recorder
le magnétoscope

vinegar
le vinaigre

Ww

wall
le mur

walrus
le morse

wardrobe
l'armoire (f)

washbasin
le lavabo

washing machine
la machine à laver

wastepaper bin
la corbeille à papier

watch
la montre

water bottle
la gourde

waterfall
la chute d'eau

waterlily
le nénuphar

wave
la vague

weed
la mauvaise herbe

wet suit
la combinaison
de plongée

whale
la baleine

wheel
la roue

wheelbarrow
la brouette

wheelchair
le fauteuil roulant

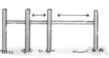
white
blanc/blanche

wide
large

wild garden
le jardin sauvage

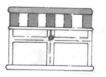
windbreak
le coupe-vent

window
la fenêtre

window box
la jardinière

window cleaner
le laveur de vitres

windowsill
le rebord de fenêtre

windscreen
le pare-brise

windsurfer
la planche à voile

wing
l'aile (f)

winter
l'hiver (m)

wire netting
le grillage

witch
la sorcière

wizard
le sorcier

worktop
le plan de travail

wreck
l'épave (f)

xylophone
le xylophone

yacht
le yacht

yellow
jaune

yo-yo
le yo-yo

zebra
le zèbre

zip
la fermeture Éclair

30

Dictionnaire Illustré Français – Anglais

Picture Dictionary French – English

Aa

l'abat-jour (m)
lampshade

l'abri (m)
shelter

l'aérateur (m)
fan

l'aéroglisseur (m)
hovercraft

l'aéroport (m)
airport

**l'agent (m)
de police**
police officer

l'agneau (m)
lamb

l'ail (m)
garlic

l'aile (f)
wing

l'aire de jeu (f)
playground

**l'album (m)
de coloriage**
colouring book

les algues (f)
seaweed

l'allée (f)
terrace

l'alligator (m)
alligator

l'alphabet (m)
alphabet

l'ambulance (f)
ambulance

**l'anémone (f)
de mer**
sea anemone

l'anguille (f)
eel

l'anorak (m)
anorak

l'antenne (f)
aerial

l'arbre vert (m)
evergreen tree

l'arbuste (m)
shrub

l'arc (m)
bow

l'arc-en-ciel (m)
rainbow

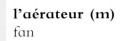

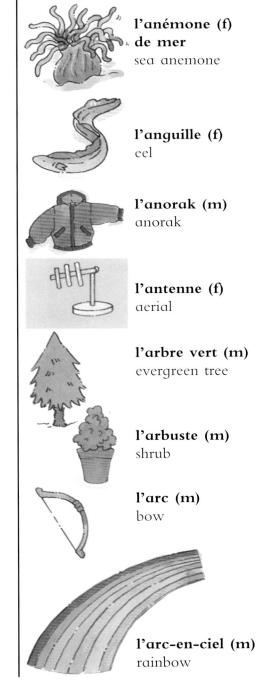

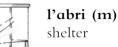

l'arche (f) de Noé
Noah's ark

l'argile (f)
clay

l'armoire (f)
wardrobe

**l'armoire (f)
à pharmacie**
cabinet

l'armure (f)
armour

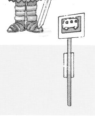
**l'arrêt (m)
d'autobus**
bus stop

l'assiette (f)
plate

**l'assiette (f)
en carton**
paper plate

l'auge (f)
trough

l'autobus (m)
bus

l'automne (m)
autumn

l'autoroute (f)
motorway

l'autruche (f)
ostrich

l'averse (f)
rain shower

l'avion (m)
aeroplane

Bb

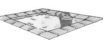
le bac à sable
sandpit

**la baguette
magique**
magic wand

la baie
berry

la baignoire
bath

le balai
broom

la balançoire
seesaw

la baleine
whale

la balle de tennis
tennis ball

le ballon
balloon

**le ballon de
football**
football

le ballon de plage
beach ball

la banane
banana

le banc
bench

**le banc de
poissons**
shoal

32

la bande
bandage

la bande dessinée
comic

la banque
bank

la barque
rowing boat

le barreau
bar

la barrière
gate

le bas
bottom

le bassin
pond

le bateau
boat

la batte de base-ball
baseball bat

le bébé
baby

le bec
beak

la benne
skip

la bétonnière
cement mixer

le beurre
butter

la bibliothèque
bookcase

la bibliothèque
library

la bille
marble

le billet
ticket

blanc/blanche
white

bleu/bleue
blue

les bois (m)
antlers

le bois enchanté
enchanted wood

la boisson
drink

la boîte
box

la boîte à biscuits
biscuit tin

la bonde
plug

le bonhomme de neige
snowman

le bonnet de douche
shower cap

la bordure
border

Aa Bb Cc Dd Ee Ff Gg Hh Ii Jj Kk Ll Mm Nn Oo Pp Qq Rr Ss Tt Uu Vv Ww Xx Yy Zz

la botte
boot

la boucle
buckle

le bouclier
shield

le bouffon
jester

le bougeoir
candlestick

la bougie
candle

la boule de neige
snowball

le bourgeon
bud

le bouton
button

la boutonnière
buttonhole

la branche
branch

le brassard de sauvetage
armband

les bretelles (f)
braces

la brique
brick

la brosse à colle
paste brush

la brosse à dents
toothbrush

la brosse à ongles
nailbrush

la brouette
wheelbarrow

la brume
mist

le buisson
bush

le bulldozer
bulldozer

le bureau
desk

Cc

la cabane
shed

la cacahuète
peanut

le cache-oreilles
ear muffs

le cadeau
present

le cadenas
padlock

le café
café

le café
coffee

la cage
cage

la cage à poules
climbing frame

34

la cage du hamster
hamster house

le camion
van

le camion
truck

le camion malaxeur
concrete mixer

le camion-benne
tipper truck

le canal
canal

le canapé
settee

le canard
duck

le caneton
duckling

le canoë
canoe

le canon
cannon

---

le canot à moteur
motor boat

le capuchon
hood

la carpette
rug

le carré
square

le carrelage
floor tile

le carrelage
tile

le cartable
satchel

la carte
card

la carte
map

le casque
helmet

le casque de sécurité
safety hat

la ceinture
belt

le cercle
circle

les céréales (f)
cereal

le cerf
deer

le cerf-volant
kite

la chaise longue
deckchair

le chameau
camel

le champignon
mushroom

le champignon vénéneux
toadstool

le chapeau
hat

le chapeau haut-de-forme
top hat

le chargeur
loader

le charpentier
carpenter

le château
castle

le château de sable
sandcastle

la chatière
cat flap

le chaton
kitten

le chaudron
cauldron

la chaussette
sock

la chaussure
shoe

la chaussure en toile
plimsoll

le chef de gare
guard

le chemin de fer
railway

la cheminée
fireplace

la chemise
shirt

le chêne
oak tree

le cheval
horse

le chevalier
knight

la chèvre
goat

le chien de berger
sheepdog

les chiffres (m)
numbers

le chiot
puppy

les chips (f)
crisps

le chou-fleur
cauliflower

la chute d'eau
waterfall

la cible
target

le cintre
hanger

les ciseaux (m)
scissors

le clapier
hutch

le clown
clown

le cochon
pig

le cochon d'Inde
guinea pig

le coffre à jouets
toy box

le coin nature
nature table

le col
collar

le colis
parcel

le collant
tights

la colle
paste

la combinaison
overalls

la combinaison de plongée
wet suit

la commode
chest of drawers

le compresseur
compressor

le concombre
cucumber

le conducteur
driver

le conducteur d'autobus
bus driver

la confiture
jam

le congélateur
freezer

le contractuel (m)
la contractuelle (f)
traffic warden

le coquillage
shell

le corail
coral

la corbeille à papier
wastepaper bin

la corde à sauter
skipping rope

le cordon
cord

la corne
horn

le coton
cotton wool

la couette
quilt

37

le coupe-vent
windbreak

la cour de ferme
farmyard

la couronne
crown

la couronne en papier
papier hat

le court de tennis
tennis court

court/courte
short

le couteau
knife

la craie
chalk

le crayon
pencil

le crayon de couleur
crayon

la crevette
shrimp

le crocus
crocus

le cube
cube

la cuillère
spoon

la cuisinière
cooker

la culotte
knickers

Dd

le dauphin
dolphin

le dé
dice

la défense
tusk

le dentifrice
toothpaste

le déplantoir
trowel

le dessin
drawing

le dessus de cheminée
mantlepiece

le diablotin
cracker

le diagramme
chart

la douche
shower

les douves (f)
moat

le dragon
dragon

le drap
sheet

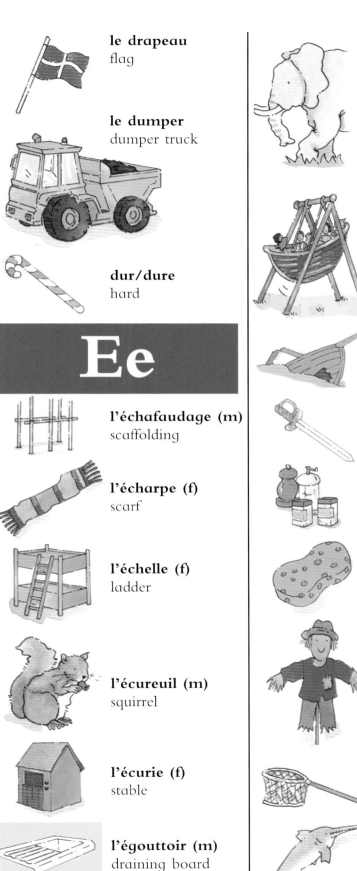

le drapeau
flag

le dumper
dumper truck

dur/dure
hard

Ee

l'échafaudage (m)
scaffolding

l'écharpe (f)
scarf

l'échelle (f)
ladder

l'écureuil (m)
squirrel

l'écurie (f)
stable

l'égouttoir (m)
draining board

l'éléphant (m)
elephant

en bas
down

en haut
up

l'épave (f)
wreck

l'épée (f)
sword

l'épice (f)
spice

l'éponge (f)
sponge

l'épouvantail (m)
scarecrow

l'épuisette (f)
net

l'espadon (m)
swordfish

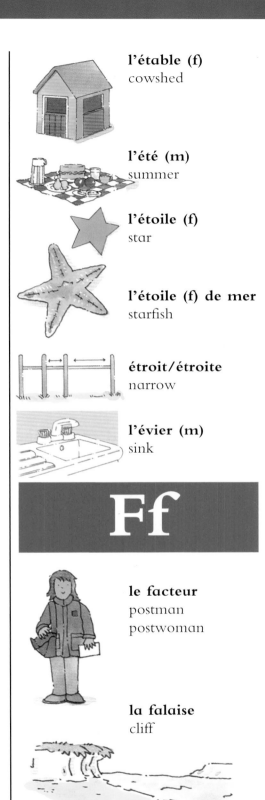

l'étable (f)
cowshed

l'été (m)
summer

l'étoile (f)
star

l'étoile (f) de mer
starfish

étroit/étroite
narrow

l'évier (m)
sink

Ff

le facteur
postman
postwoman

la falaise
cliff

la famille
family

le fantôme
ghost

le fauteuil
chair

le fauteuil
armchair

le fauteuil à bascule
rocking chair

la fauteuil roulant
wheelchair

la fée
fairy

la fenêtre
window

la ferme miniature
toy farm

la fermeture Éclair
zip

le fermier
farmer

le ferry
ferry boat

le feu
fire

le feu de bois
bonfire

la feuille
leaf

les feux (m)
traffic lights

le flamant
flamingo

la flèche
arrow

la fleur en papier
paper flower

les fleurs (f)
blossom

le flocon de neige
snowflake

le foin
hay

le fossé
ditch

le fossile
fossil

le four
oven

la fourche
garden fork

la fourchette
fork

la fourrure
fur

les frites (f)
chips

le fromage
cheese

Gg

le galet
pebble

la gamelle
food bowl

le gant
glove

le gant de toilette
flannel

le garage
garage

le garde-feu
fireguard

le gardien de parc
park keeper

la gare
station

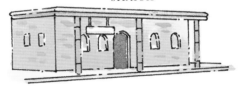

le gâteau
cake

le géant
giant

la gerbille
gerbil

le gilet
cardigan

le gilet de sauvetage
lifejacket

la girafe
giraffe

la glace
ice

la glace
ice-cream

le gland
acorn

le gnome
gnome

le gobelet
beaker

le gobelet en carton
paper cup

la gomme
rubber

le goudron
tarmac

la gourde
water bottle

grand/grande
tall

la grande cape
cloak

la grange
barn

la griffe
claw

le grillage
wire netting

la grille
railing

le grille-pain
toaster

gris/grise
grey

gros/grosse
fat

la grotte
cave

la grue
crane

le guépard
cheetah

le guidon
handlebars

la guirlande de papier
paper chain

la guirlande électrique
fairy lights

la guitare
guitar

Hh

le hamburger
hamburger

le hamster
hamster

le haut-parleur
loudspeaker

l'hélicoptère (m)
helicopter

le hibou
owl

l'hippocampe (m)
seahorse

l'hippopotame (m)
hippopotamus

l'hiver (m)
winter

le hochet
rattle

le homard
lobster

l'hôpital (m)
hospital

l'horloge (f)
clock

le hot-dog
hot dog

l'hôtel (m)
hotel

l'hôtel (m) de ville
town hall

l'huile (f)
oil

l'huître (f)
oyster

Ii

l'île (f)
island

l'instituteur (m)
l'institutrice (f)
teacher

Jj

le jardin de rocaille
rock garden

le jardin sauvage
wild garden

la jardinière
window box

jaune
yellow

le jean
jeans

la jetée
pier

le jeu de société
board game

la jonquille
daffodil

le journal
newspaper

joyeux/joyeuse
happy

le jeu de construction
building block

la jupe
skirt

le jus
juice

le justaucorps
leotard

Kk

le kangourou
kangaroo

Ll

le lac
lake

le lacet
lace

la laisse
lead

le lait solaire
suntan lotion

le lama
llama

la lampe
lamp

le landau
pram

le lapin
rabbit

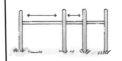

large
wide

43

le lavabo
washbasin

le laveur de vitres
window cleaner

le lecteur (m)
la lectrice (f)
reader

le lecteur laser
compact disc player

le Légo
Lego

le léopard
leopard

le lézard
lizard

la licorne
unicorn

le lion
lion

le lionceau
lion cub

la lionne
lioness

la litière
bedding

le livre
book

long/longue
long

la luge
sledge

la lumière
light

la lune
moon

la lunette
toilet seat

les lunettes (f)
de plongée
goggles

les lunettes (f)
de soleil
sunglasses

Mm

la machine
à laver
washing machine

le maçon
builder

le maçon
bricklayer

le magasin
shop

le magasin
de jouets
toy shop

le magazine
magazine

le magicien
magician

le magnétophone
tape recorder

le magnétoscope
video recorder

44

la maillot de corps
vest

la maison
house

la maison de poupée
doll's house

la manche
sleeve

le manche à balai
broomstick

la manchette
cuff

le manège
roundabout

la mangeoire
bird table

le manteau
coat

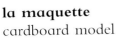
la maquette
cardboard model

le maquillage
make-up

la marche
step

la mare aux canards
duck pond

la margarine
margarine

la marionnette à gaine
glove puppet

marron
brown

le marteau pneumatique
pneumatic drill

le masque de plongée
face mask

le mât
mast

la mauvaise herbe
weed

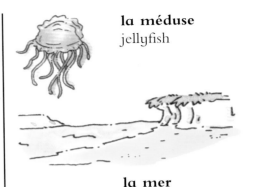
la méduse
jellyfish

la mer
sea

le miel
honey

mince
thin

le miroir
mirror

le monstre
monster

la montgolfière
hot air balloon

la montre
watch

le morse
walrus

45

la moto
motorbike

mou/molle
soft

le mouchoir
handkerchief

la mouette
seagull

la moufle
mitten

le mouton
sheep

le mur
wall

Nn

la nageoire
fin

la nappe
tablecloth

la neige
snow

le nénuphar
waterlily

neuf/neuve
new

le nichoir
nesting box

le nid
nest

le nœud
bow

noir/noire
black

la noix de coco
coconut

la nourriture pour chiens et chats
pet food

Oo

l'œuf (m)
egg

l'oie (f)
goose

l'oignon (m)
onion

l'oiseau (m)
bird

les oiseaux (m) du jardin
garden birds

l'oison (m)
gosling

orange
orange

l'orange (f)
orange

l'ordinateur (m)
computer

46

# Aa Bb Cc Dd Ee Ff Gg Hh Ii Jj Kk Ll Mm Nn Oo Pp Qq Rr Ss Tt Uu Vv Ww Xx Yy Zz

l'oreiller (m)
pillow

l'os (m)
bone

Pp

la paille
straw

le pain
bread

la pale du rotor
rotor blade

la palme
flipper

la palourde
clam

le panache
plume

la pancarte
notice

le panier à linge
laundry basket

le panier de pique-nique
picnic basket

le panneau d'affichage
pinboard

la pantoufle
slipper

le papier hygiénique
toilet paper

le parachute
parachute

le parasol
umbrella

le pare-brise
windscreen

le parking
car park

le passage pour piétons
crossing

la pâte à modeler
modelling clay

les patins (m) à roulettes
roller skates

la patte
paw

le pêcheur
angler

la pédale
pedal

la peinture
painting

la peinture
paint

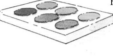
le pélican
pelican

la pelle
spade

la pelleteuse
digger

la pelouse
lawn

la péniche
canal boat

47

la pente
slope

le perroquet
parrot

la perruche
budgerigar

le pèse-personne
bathroom scales

le petit bateau
toy boat

le petit pois
pea

le petit train
train set

petit/petite
short

le phare
lighthouse

le phoque
seal

la photographie
photograph

le pichet
jug

la pieuvre
octopus

le pigeon
pigeon

le pinceau
paintbrush

le pique-nique
picnic

le pirate
pirate

le pissenlit
dandelion

le placard
cupboard

la plage
beach

le plan de travail
worktop

la planche à voile
windsurfer

la planche de surf
surfboard

la plate-bande
flower bed

le plongeur
diver

le pneu
tyre

la poche
pocket

la poêle
frying pan

la poire
pear

le poivre
pepper

48

la pomme
apple

la pomme de terre
potato

la pompe à essence
petrol pump

le pont
bridge

le porcelet
piglet

la porcherie
pig sty

la porte de derrière
back door

le porte-manteau
peg

le porte-savon
soap dish

le porte-serviette
towel rail

le pot de fleurs
flowerpot

le poteau télégraphique
telegraph pole

la poubelle
rubbish bin

le poulailler
hen house

le poulain
foal

la poule
hen

la poussette
pushchair

le poussin
chick

la primevère
primrose

le prince
prince

la princesse
princess

le printemps
spring

la prune
plum

le pull
jumper

la punaise
drawing pin

le puzzle
jigsaw puzzle

le pyjama
pyjamas

Qq

le quai
platform

la queue
tail

Rr

le radiateur
radiator

la radio
radio

la raie
ray fish

le raisin
grape

la rame
oar

le râteau
rake

**le rebord
de fenêtre**
windowsill

le rectangle
rectangle

le réfrigérateur
fridge

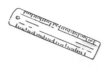
la règle
ruler

la reine
queen

la remorque
trailer

le requin
shark

le réverbère
lamp post

le rhinocéros
rhinoceros

le rideau
curtain

**le rideau de
douche**
shower curtain

la rive
river bank

la rivière
river

le riz
rice

la robe
dress

**la robe
de chambre**
dressing gown

la robe de fête
party dress

la robe-chasuble
pinafore dress

le robinet
tap

le roi
king

la rose
rose

rose
pink

le roseau
reed

la roue
wheel

rouge
red

le rouleau
steamroller

le ruban
ribbon

Ss

le sable
sand

**la sacoche
de médecin**
doctor's bag

le saladier
bowl

la salopette
dungarees

la sandale
sandal

le savon
soap

**le scaphandre
autonome**
aqualung

le seau
bucket

le sel
salt

la selle
saddle

la semi-remorque
articulated lorry

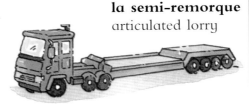

le serpent
snake

le serpentin
streamer

**la serviette
de bain**
bath towel

**la serviette
de plage**
beach towel

**la serviette
en papier**
paper napkin

le shampooing
shampoo

**le sifflet
en papier**
party squeaker

le singe
monkey

le sirop
squash

le skate-board
skateboard

le slip
pants

le soleil
sun

le sommet
top

le sorcier
wizard

51

la sorcière
witch

la souche d'arbre
tree stump

la soupe
soup

les spaghettis (m)
spaghetti

les spectateurs (m)
audience

la sphère
sphere

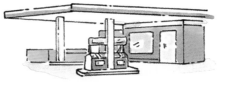

la station-service
petrol station

le stéthoscope
stethoscope

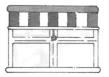

le store
blind

la sucre
sugar

le supermarché
supermarket

le support visuel
flashcard

le sweat-shirt
sweatshirt

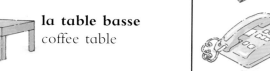

Tt

le T-shirt
T-shirt

la table
table

la table basse
coffee table

le tableau noir
chalkboard

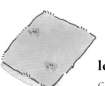

le tabouret
stool

le tambour
drum

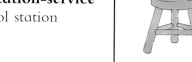

le tapis
carpet

le tapis de bain
bath mat

la tasse
cup

le taureau
bull

le taxi
taxi

la télécommande
remote control

le téléphone
telephone

la télévision
television

les tennis (f)
trainers

la tentacule
tentacle

la tente
tent

la tenue d'infirmière
nurse's outfit

la tenue de cow-boy
cowboy outfit

la tenue de médecin
doctor's outfit

le Thermos
Thermos flask

le tigre
tiger

le tiroir
drawer

le toboggan
slide

les toilettes (f)
toilet

le toit
roof

la tomate
tomato

la tondeuse
lawnmower

la torche
torch

la tortue
tortoise

la tortue marine
turtle

la tour
tower block

le tourne-disque
record player

le tracteur
tractor

le train
train

le trésor
treasure

le triangle
triangle

le tricycle
tricycle

la tringle à rideau
curtain pole

triste
sad

la trompe
trunk

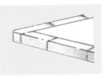
le trottoir
pavement

la trousse
pencil case

le tuba
snorkel

le tube
tube

le tunnel
tunnel

le tuyau d'arrosage
hose

Vv

la vache
cow

la vague
wave

le vaisseau spatial
spacecraft

le vase
vase

le veau
calf

le vélo
bicycle

la ventouse
sucker

le verger
orchard

vert/verte
green

les vêtements (m) de poupée
doll's clothes

la viande hachée
mince

vieux/vieille
old

le vinaigre
vinegar

violet/violette
purple

la voile
sail

le voilier
sailing boat

la voiture
car

la voiture de pompiers
fire engine

le volant
steering wheel

Ww

le wagon
carriage

Xx

le xylophone
xylophone

Yy

le yacht
yacht

le yo-yo
yo-yo

Zz

le zèbre
zebra